Dear Reader,

Welcome to "Let's Speak Turkish Everywhere," your essential guide to mastering Turkish idioms in everyday situations. This book is your passport to understanding and communicating in the most important places in Turkey. Inside, you'll find the phrases and expressions locals use daily, making it a must-have resource for travelers, language learners, and anyone seeking a deeper connection with Turkish culture. Whether you're in a hospital, a market, a pharmacy, or any other prominent location, this book equips you with the words and expressions you need to navigate conversations and truly experience Turkey. Dive in and start speaking Turkish confidently wherever you go!

Warm regards,

Walaa Kattar

 Walaakattar

@turkishwithWalaa

CONTENTS
İÇİNDEKİLER

IN THE MARKET

MARKET**TE**

MARKETTE

Excuse me ?

Bakar mısınız ?

Welcome, how can I help you ?

Hoş geldiniz, nasıl yardımcı olabilirim ?

Is there any liquid soap?

Sıvı sabun var mı ?

Where is the rice?

Pirinç nerede ?

Where are the meat products?

Et ürünleri ne tarafta ?

No salt ?

Tuz bitti mi ?

I could not find the oil section.

Yağ reyonunu bulamadım.

The **milk** is expired.

Sütün tarihi geçmiş.

The **price** of toilet paper is not written.

Tuvalet kağıdının **fiyat**ı yazmıyor.

Is there a **cashier**?

Kasiyer var mı ?

I forgot to buy **thyme**.

Kekik almayı unuttum.

Do you have a market card?

Market kartınız var mı ?

Yes there is / No I will pay **cash**.

Evet var / Hayır **nakit** ödeyeceğim.

Can I have an extra **bag**?

İlave **poşet** alabilir miyim ?

No big bag?

Büyük poşet yok mu ?

There is a discount on canned goods.

Konservelerde indirim var.

Do you have any coins?

Bozuk paranız var mı ?

I don't have any coins.

Hiç bozuğum yok.

Is there a contactless card?

Temassız var mı ?

Have your card read

Kartınızı okutun

Enter your password.

Şifrenizi girin.

Verbs we learned
Öğrendiğimiz fiiler

- Bakmak
- Yardımcı olmak
- Bulmak
- Yazmak
- Unutmak

- Ödemek
- İlave etmek
- Almak
- Okumak
- Okutmak /Taramak
- Girmek

- To look
- To help
- To find
- To write
- To forget

- To pay
- To add
- To take
- To read
- To make read /To scan
- To enter

Additional Words
EK Kelimeler

- Sabun
- Şampuan
- Makarna
- Meyve
- sebze
- Çikolatalar
- Çay
- Şeker
- Peynir
- Yoğurt
- Tereyağı
- Nane
- İçecek
- Reyonu
- Güvenlik

- Soap
- Shampoo
- Pasta
- Fruit
- Vegetable
- Chocolates
- Tea
- Sugar
- Cheese
- Yogurt
- Butter
- Mint
- Beverage
- Its aisle
- Security

At the police station

KARAKOLDA

KARAKOLDA

Call the police .

Polisi ara .

Where is **the police station**?

Polis merkezi nerede?

A **thief** broke into my house.

Evime **hırsız** girmiş.

The safe **was locked**.

Kasa **kilitliydi**.

The **door** was not locked.

Kapı kilitli değildi.

What did he steal **from the office**?

Ofisten ne çalmış ?

We will send a **team** to your office.

Ofisinize **ekip** gönderiyoruz.

Is there a **translator**?

Çevirmen var mı ?

10

Can you explain what happened?

Ne olduğunu açıklayabilir misin?

Are there eyewitnesses?

Görgü tanığı var mı ?

They stole my computer.

Bilgisayarımı çalmışlar.

Let me get your fingerprint.

Parmak izinizi alayım.

My phone has been stolen.

Telefonum çalınmış.

Where did the thief come from?

Hırsız nereden girmiş?

The thief entered through the window.

Hırsız Pencereden girmiş.

How did the thief open the door?

Hırsız kapıyı nasıl açmış?

He opened it with the key.

Anahtarla açmış.

Hello, can anyone help?

Merhaba, yardımıcı olabilecek biri var mı ?

Here you go, what did you come for?

Buyrun, ne için geldiniz ?

I am the complainant.

Şikayetçiyim.

I came to testify.

İfade vermek için geldim.

Officers will assist you.

Memurlar size yardım edecekler.

The scammers stole my money.

Dolandırıcılar paramı çaldı.

We will catch the thieves.

Hırsızları yakalayacağız.

Verbs we learned
Öğrendiğimiz fiiler

- Aramak
- Kilitlenmek
- Çalmak
- Göndermek
- Çevirmek
- Açıklamak
- Gelmek
- Şikayet etmek
- İfade vermek
- Yardım etmek
- Yakalanmak

- To call
- To lock up
- To play
- To send
- To translate
- To explain
- To come
- To complain
- To Testify
- To help
- To be caught

In Turkish, both "yardım etmek" and "yardımcı olmak" convey the idea of helping or assisting, and they are often used interchangeably. However, there is a subtle difference in how they are structured:

Yardım Etmek: This phrase literally means "to do help." It's more focused on the action of helping.

Example: "Ben sana yardım edebilirim." (I can help you.)

Yardımcı Olmak: This phrase means "to be helpful." It's more focused on the state of being helpful.

Example: "Sen bana çok yardımcı oldun." (You've been very helpful to me.)

Additional Words
EK Kelimeler

- Polis ofisi
- Karakol
- Tercüman
- Tanık/şahit
- Kimlik
- Olay yeri

- Police Office
- Police station
- Interpreter
- Witness
- Identity
- Crime scene

IN THE PHARMACY

ECZANEDE

IN THE PHARMACY
ECZANEDE

Next Please.

Sıradaki Lütfen.

Here's my prescription.

Buyrun reçetem.

The doctor prescribed you painkillers.

Doktor size ağrı kesici yazmış.

Yes I know.

Evet biliyorum.

I have to take one pill three times a day.

Günde üç kez bir hap almalıyım.

Yes, take the pills before meals.

Evet, yemeklerden önce alın hapları.

- Yemek
- yemek**ler**
- yemek**ler**den önce

- Food
- meals
- before meals

I also need melt-in-the-mouth pills for sore throats.

Boğaz ağrıları için birde ağızda eriyen haplara ihtiyacım var.

I recommend this throat lozenge.

Bu boğaz pastilini tavsiye ederim.

How much does a box cost?

Bir kutunun fiyatı ne kadar ?

A **box** of 50 **pills** is 25 TL, a box of 20 pills is 10 TL.

50 tane hap olan kutu 25 TL,
20 tane hap olan kutu 10 TL.

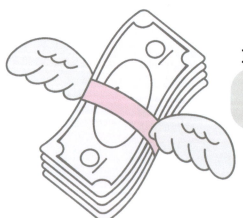

I take the **small** box of 20.

20'lik küçük kutuyu alıyorum.

Do you need anything else?

Başka bir şeye ihtiyacınız var mı?

No, thanks.

Hayır, sağolun.

Yes I need a pregnancy test

Evet hamilelik testine ihtiyacım var

Then it costs 25 TL in total. Prescription share of 10 TL and 15 TL for pills.

O zaman toplam 25 TL tutuyor. Haplar için 10 TL ve 15 TL 'nin reçete payı.

Here, is the medicament fee.

Buyrun, ilaç ücreti.

I have my prescription.

Reçetem var.

We have **this medicine**, I'll bring it right away.

Bu ilacı var bizde, hemen getiriyorum.

Can you tell me **how should I use it**?

Nasıl kullanmam gerektiğini söyler misiniz ?

You should take it before going to sleep and **once a day**.

Uyumadan önce ve **günde bir kez** alman gerekir

How long should I use it?

 **Ne zamana kadar kullanmam lazım?**

You must take it for 10 days. It is important that you finish the pack. If you forget to take it at night, take two tablets in the morning.

10 gün alacaksınız, kutuyu bitirmeniz önemli. Eğer gece almayı unutursanız sabah 2 tane alın.

I understand, are there any side effects?

Anlıyorum, herhangi yan etkisi var mı ?

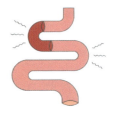

Rarely, it can cause drowsiness, dizziness, blurred vision, stomach discomfort, nausea, tension and constipation.

Nadiren ama uyusukluk, baş dönmesi, net görememe, midede rahatsızlık, bulanti, gerginlik ve kabizlik yaratması mümkün.

Ah, now I understand why I had to take it before I went to sleep.

Ah şimdi niye uyumadan önce almam gerektiğini anladım.

Öğrendiğimiz fiiler

- Tavsiye etmek
- Tutmak
- Getirmek
- Götürmek
- Kullanmak

- Söylemek
- Uyumak
- Bitirmek
- Anlamak
- etkilenmek
- Yaratmak

- To recommend
- To hold / To cost
- To bring
- To take away
- To use

- To say
- To sleep
- To finish
- To understand
- to be influenced
- To create

Additional Words
EK Kelimeler

- Öksürük şurubu
- İshal hapları
- Göz damlası
- ilk yardım çantası
- Bahar alerjisi

- Hazımsızlık hapı
- Laksatif
- Dudak merhemi
- Parasetamol
- Plaster

- Hamilelik testi
- günlük pedi
- hijyenik ped
- iğne
- aşı

- Cough mixture
- diarrhea pills
- Eye drop
- first-aid kit
- spring allergies

- indigestion pill
- laxative
- lip balm
- Paracetamol
- Plaster

- Pregnancy test
- daily pad
- sanitary pad
- needle
- Vaccine

At the hairdresser

KUAFÖRDE

KUAFÖRDE

What would you like to get done today?

Bugün ne yaptırmak istersiniz?

Could you make my hair straight/curly?

Saçımı düz/kıvırcık yapabilir misiniz?

I'd like to get a haircut

Saçımı kestirmek istiyorum.

Can you trim my hair?

Saçlarımı uçlarından alabilir misiniz?

Please wash and blow-dry my hair.

Lütfen saçımı yıkayıp kurutabilir misiniz?

I'd like a short/medium/long haircut.

Kısa/orta/uzun bir saç kesimi istiyorum.

I'd like to keep my hair's natural color.

Saçımın doğal rengini korumak istiyorum.

Is it possible to fix this hair color?

Bu saç rengini düzeltmek mümkün mü?

Could you show me some hairstyle options?"

Bana bazı saç modeli seçenekleri gösterebilir misiniz?

Could you shape my beard?

Sakalımı şekillendirebilir misiniz?

How would you like your hair cut?

Saçlarınızı nasıl kesmek istersiniz?

Please cut off a few inches.

Lütfen birkaç santim keser misiniz?

I want a new hairstyle

Yeni bir saç modeli istiyorum.

Could you give me a layered cut?

Katlı bir kesim istiyorum.

I'd like to keep the length but get rid of split ends

Uzunluğunu koruyup, uçlarındaki kırıkları aldırmak istiyorum.

I'd like to dye my hair a different color.

**Saçımı farklı bir renge boyatmak
istiyorum.**

Could you help me choose a new hair
color?

**Yeni bir saç rengi seçmemde bana
yardımcı olabilir misiniz?**

I'm thinking about getting highlights in
my hair.

**Saçımda röfle yapmayı
düşünüyorum**

I want to go for a darker/lighter shade

**Daha koyu/açık bir tona geçmek
istiyorum.**

Is it possible to get a natural-looking hair color?

**Doğal görünümlü bir saç rengi elde
etmek mümkün mü?**

I want to shorten my hair.

Saçımı kısaltmak istiyorum.

I want to groom my beard

Sakalımı düzeltmek istiyorum.

Could you clean up my ear and neck areas?

Kulak ve ense bölgelerini temizleyebilir misiniz?

Could you trim my mustache, but keep its shape?

Bıyığımı kısaltabilir misiniz, ama şeklini koruyarak?

Could you apply a light hair cream?

Saç kremini hafifçe uygulayabilir misiniz?

Öğrendiğimiz fiiler

• Yaptırmak	• Have it made
• Yapmak	• To do
• Kesmek	• To cut
• Yıkamak	• To wash
• Kurutmak	• to dry
• İstemek	• To want
• Korumak	• To protect
• Düzeltmek	• To fix
• Göstermek	• To show
• Şekillendirmek	• to shape
• Boyatmak	• To dye
• Elde etmek	• To obtain
• Kısaltmak	• To shorten
• Temizlemek	• To clear
• Uygulamak	• To apply

In Turkish, these pairs of words are related in terms of their base meanings, but they have different nuances based on the addition of the suffix "-tir" or "-t" in the second word of each pair:

Almak / Aldırmak:

Almak: This means "to take" or "to get." It's the straightforward action of acquiring something.

Example: "Kitabı aldım." (I took the book.)

Aldırmak: This uses the causative suffix "-tir" and means "to make someone take" or "to have someone take." It's about causing or influencing someone to take something.

Example: "Kızımı okula al(dır)dım." (I had my daughter taken to school.) - You caused or arranged for your daughter to be taken to school.

Kesmek / Kestirmek:

Kesmek: This means "to cut." It's the action of cutting something physically or metaphorically.

Example: "Elma kesiyorum." (I am cutting an apple.)

Kestirmek: This uses the causative suffix "-t" and means "to make someone cut" or "to have someone cut." It's about causing or arranging for someone to cut something.

Example: "Kuaförde saçımı kestiririm." (I have my hair cut at the hairdresser's.) - You arrange for someone (the hairdresser) to cut your hair.

In summary, the addition of the causative suffix "-tir" or "-t" changes the verbs from describing a direct action to describing causing or arranging for someone else to do the action.

Görmek / Göstermek:

Görmek: To see.
Göstermek: To show. (Using the causative suffix to cause someone to see something.)

Bilmek / Bildirmek:

Bilmek: To know.
Bildirmek: To inform. (Using the causative suffix to cause someone to know or be informed about something.)

Uyumak / Uyutmak:

Uyumak: To sleep.
Uyutmak: To put to sleep. (Using the causative suffix to cause someone to sleep.)

Öğrenmek / Öğretmek:

Öğrenmek: To learn.
Öğretmek: To teach. (Using the causative suffix to cause someone to learn.)

Anlamak / Anlatmak:

Anlamak: To understand.
Anlatmak: To explain. (Using the causative suffix to cause someone to understand.)

Kalmak / Kaldırmak:

Kalmak: To stay.
Kaldırmak: To lift, to remove. (Using the causative suffix to cause someone to lift or remove something.)

Söylemek / Söyletmek:

Söylemek: To say.
Söyletmek: To make someone say, to have someone say. (Using the causative suffix to cause someone to say something.)

Additional Words
EK Kelimeler

- Saç kesimi
- Kuaför
- Şampuan
- Saç boyası
- Saç kurutma makinesi

- Saç spreyi
- Perma
- Fön makinesi
- Saç tokası
- Tarak

- Saç modeli
- Maşa
- Jöle
- Saç maskesi
- Sakal tıraşı

- Haircut
- Hairdresser
- Shampoo
- Hair dye
- Hairdryer

- Hair spray
- Perm
- Blow dryer
- Hairpin
- Comb

- Hairstyle
- Curling iron
- Gel
- Hair mask
- Shave

At hospital

Hastanede

HASTANEDE

Which side is the desk on?

Danışma hangi tarafta ?

The desk is over there.

Danışma şu tarafta .

How can I help?

Nasıl yardımcı olabilirim?

I came to be examined.

Muayene olmak için geldim.

Do you have an appointment?

Randevunuz var mı ?

HASTANEDE

Yes, I have made an online appointment.

Evet, var online randevu almıştım.

Who is the appointment for?

Randevu kimin adına ?

The appointment is for me, the patient is me.

Randevu benim adıma, hasta benim.

The patient is my wife/husband/brother/friend.

Hasta eşim / kardeşim / arkadaşım.

Please wait a minute, let's register now.

Bir dakika bekleyin lütfen, hemen kayıt açalım.

Please wait in line over there.

Lütfen şurada, sırada bekleyin.

Do you have a foreign identity card?
ID please / passport please

Yabancı kimlik kartınız var mı ?
Kimlik lütfen / pasaport lütfen

Which clinic do you want?

hangi kliniği istiyorsunuz ?

I want a cardiovascular clinic.

kalp ve damar kliniği
istiyorum.

Fill out this form, please.

Şu formu doldurun, lütfen.

Sign here, please.

Şurayı imzalayın, lütfen.

How will you pay ?

Ödemeyi nasıl yapacaksınız ?

by credit card, please.

kredi kartıyla, lütfen.

The doctor is on the second floor, go up to the second floor, please.

Doktor ikinci katta, ikinci kata çıkın, lütfen.

How many patients are in line?

Sırada kaç hasta var ?

There are three people before you.

Sizden önce üç kişi var.

When did your illness start?

Hastalığınız ne zaman başladı ?

It started 3 days ago.

3 gün önce başladı.

What symptoms do you have?

Sizde hangi belirtiler var ?

I have fever, malaise and cough.

Ateş , Halsizlik ve Öksürüğüm var.

My head / my stomach / my ear / my tooth / my eye hurts.

Başım / Karnım / Kulağım / Dişim / Gözüm ağrıyor.

41

I will listen to your breathing. Please inhale, exhale.

Sizin nefesinizi dinleyeceğim. Lütfen nefes alın , nefes verin.

I don't think there is a serious problem, I want x-ray and blood test from you.

Ciddi bir problem olduğunu düşünmüyorum , sizden röntgen ve kan tahlili istiyorum.

I'm writing you a prescription.

Sana bir reçete yazıyorum.

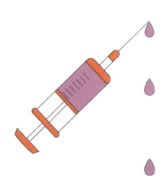

42

Additional Words
EK Kelimeler

- Akciğer röntgeni
- Belirtiler
- Dahiliye kliniği
- KBB kliniği
- Soğuk algınlığı/ Nezle
- Röntgen çektirmek
- Kadın doğum kliniği
- Cildiye kliniği
- Çocuk kliniği / pediatri

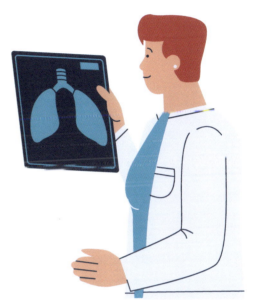

- Chest X-ray
- Symptoms
- Internal Medicine Clinic
- ENT Clinic (Ear, Nose, Throat)
- Common cold / Flu
- Getting an X-ray
- Gynecology Clinic
- Dermatology Clinic
- Pediatrics Clinic

ALIŞVERİŞTE

ALIŞVERİŞTE

May I help you ?

Yardımıcı olabilir miyim ?

I'm just looking.

Sadece bakıyorum.

There is a 10% discount on jeans.
**Kot pantolonlarda %10
indirim var .**

If I buy 2 of these, how much will
it be?
**Bundan 2 tane alırsam
ne kadar olur?**

It will be 200 TL.

200 TL olur.

I'm buying

Alıyorum.

Does this have a blue color?

Bunun mavi rengi var mı ?

Yes, sir/madam !

Var Efendim !

How much does it cost?/ What is the price?

kaç para ? / Fiyatı nedir?

500 Turkish Lira.

500 Lira.

If you make it 200, I'll buy it.

200 yaparsan(ız), alırım.

Never mind then.

Kalsın o zaman.

How many would you like to buy?

Kaç tane almak istiyorsunuz ?

Just one, please.

1 tane sadece .

I'm afraid that won't be enough.

Maalesef, kurtarmıyor.

Do you have t-shirts?

Sizde tişort var mı ?

Do you have this in medium size?

Bunun medium bedeni var mı ?

How much is it?

Kaç TL?

This seems a bit expensive.

Bu biraz pahalıymış.

Could you offer a little discount?

Biraz indirim yapar mısınız ?

The products are already 50% off.

Ürünler %50 indirimli zaten.

Can I try this? I will decide based on that.

Bunu deneyebilir miyim ? ona göre karar vereceğim.

Where is the fitting room?

Deneme kabini nerede?

This seems tight for me.

Bu bana küçük geldi.

Is there another color available?

Başka rengi var mı ?

Do you have a larger size?

Büyük Bedeni var mı ?

49

**Will you be paying with a credit card
or with cash?**

**Kredi kartıyla mı ödeyeceksiniz
yoksa nakitle mi ?**

I will pay with a credit card.

Kredi kartıyla ödeyeceğim.

I will pay in cash.

Nakit ödeyeceğim.

Could I get a bag, please?

Poşet alabilir miyim acaba ?

Could you please gift-wrap it?

Hediye paketi yapabilir misiniz acaba ?

Is this original?

Bu orijinal mı ?

this is faulty.

Bu defolu.

I'd like to return this.

Bunu iade etmek istiyorum.

51

Additional Words
EK Kelimeler

- Etek
- Eldiven
- Ayakkabı
- Uzun kollu
- bluz
- Yün kazak
- Gömlek
- Gözlük
- Hırka/ kimono

- Skirt
- Glove
- Shoe
- long sleeve
- blouse
- Wool sweater
- Shirt
- Glasses
- Cardigan/ kimono

52

In a job interview

İŞ GÖRÜŞMESİNDE

53

İŞ GÖRÜŞMESINDE

I came here for a job interview.

İş görüşmesi için buraya geldim

Alright, who called you?

Pekala, sizi kim aradı ?

Mr. Emre called me yesterday.

Dün Emre Bey beni aradı.

Why should I hire you?

Neden seni işe almalıyım ?

Could you tell me a bit about yourself, please?

Biraz bana kendinizden bahseder misiniz ? lütfen.

I graduated from university with a good GPA. During my university years, I learned English as a foreign language. After that, I started working at a company where I gained my initial experience. I am someone who enjoys teamwork and is confident in myself

Ben üniversitede iyi bir not ortalamasıyla mezun oldum. Üniversite yıllarımda yabancı dil olarak ingilizce öğrendim. Daha sonra bir şirkette işe başladım. İlk deneyimimi orada kazandım. Takım çalışmasını seven, kendime güvenen biriyim.

Why did you leave your previous job?

Daha önce çalıştığınız
yerden neden ayrıldınız ?

I left my previous job to utilize my skills working in a company
with a broader vision and to further develop my career.

Geniş vizyona sahip olan bir şirkette çalışarak
sahip olduğum becerilerimi kullanmak ayrıca
kariyerimi geliştirmek için çalıştığım yerden
ayrıldım.

What experiences do you have?

Hangi deneyimlere sahipsiniz?

I believe I have sufficient experience in public relations and communication.

Halkla ilişkiler bölümünde ve iletişim konusunda yeterli deneyime sahip olduğumu düşünüyorum.

What do you know about our company?

Şirketimiz hakkında neler biliyorsunuz ?

I know it as a company that is always striving to improve itself and create new business opportunities.

Daima kendini geilştiren ve yeni iş sahaları oluşturma çabasında olan bir şirket olarak biliyorum.

What will be your salary demand?

Nasıl bir ücret talebiniz olacak?

My priority is, of course, to work with a prestigious company like yours. However, we need to have an income based on the necessities of life. My thought is between 10,000 and 15,000 Turkish Lira, but of course, if we can come to an agreement on other conditions, I'm sure we can manage this as well.

Önceliğim tabiki sizin gibi önemli bir şirket ile çalışmaktır. Ama hayat şartlarının getirdiği mecburiyetlere göre bir gelire sahip olmamız gerekiyor. Düşüncem 10 bin lira ile 15 bin lira arası ama tabiki eğer diğer şartlarda anlaşabilirsek eminim ki bunu da hal edebiliriz.

Can you work extra hours if needed? There might be night shifts.

Fazla mesai yaparak çalışabilir misiniz? Gece vardiyası olabilir.

I'm accustomed to a high workload. This situation wouldn't be a problem for me.

Yoğun çalışma temposuna alışkın biriyim. Bu durum benim için bir sorun oluşturmaz.

Are you able to travel? Would this be a problem for you?

Seyahat edebilir misiniz? Bu sizin için bir sorun teşkil eder mi ?

I'm glad to have met you. I hope we can work together. Our friends will inform you about the results.

Size tanıdığıma memnun oldum. Umarım beraber çalışabiliriz. Arkadaşlar sonuç için size bilgilendireceklerdir.

Thank you for accepting to interview with me

Benimle görüşmeyi kabul ettiğiniz için teşekkür ederim.

Why do you want to work here?

Neden burada çalışmak istiyorsun?

What are your hobbies?

Hobilerin nelerdir ?

What are the things you don't like about this job?

Bu işte hoşuna gitmeyen şeyler nelerdir ?

Which shift do you prefer?

Hangi vardiyayı tercih edersin ?

How do you cope with job stress?

İş stresiyle nasıl başa
çıkarsın ?

Would you prefer to work in a group
or individually?

Grupla mı yoksa bireysel olarak mı
çalışmayı tercih edersiniz ?

Verbs we learned
Öğrendiğimiz fiiler

Bahsetmek	To Mention
Mezun olmak	To Graduate
Kazanmak	To Win
Başlamak	To Start
Çalışmak	To Work
Ayrılmak	To Leave
Sahip olmak	To Own
Geliştirmek	To Improve
Düşünmek	To Think
Oluşturmak	To Create
Çaba sarfetmek	To Make an Effort
Gerekmek	To Need
Halletmek	To Solve
Alışmak	To Get Used To
Teşkil etmek	To Form
Seyahat etmek	To Travel
Ummak	To Hope
Memnun olmak	To Be Satisfied
Bilgilendirmek	To Inform
Hoşuna gitmek	To Like
Tercih etmek	To Prefer

At the real estate agency

EMLAKÇIDA

At the real estate agency

EMLAKÇIDA

I'm looking for a rental house in this neighborhood. Do you have a suitable rental apartment for me?

Bu mahallede kiralık ev arıyorum. Acaba sizin elinizde bana uygun kiralık daire var mı ?

Of course, we have 3 rental houses available in this neighborhood. What is your budget?

Tabii, bu mahallede elimizde 3 tane kiralık ev var. Sizin bütçeniz ne kadar ?

I haven't thought too much about the budget. What are the monthly rents for the apartments you have?

Bütçe konusunda çok fazla düşünmedim. Sizin elinizdeki dairelerin aylık kiraları ne kadar ?

Let me tell you the features and rents of the apartments.

Ben size dairelerin özelliklerini ve kiralarını söyleyeyim.

We have a 3-bedroom, 1 living room apartment. This apartment is on the 5th floor of a 10-story building and it's 130 square meters. It faces south and receives sunlight throughout the year. It has an open front

Elimizde bir tane 3 oda, bir salon daire var. Bu daire 10 katlı bir apartmanın 5.katında ve 130 m. Güney cepheli. Yaz kış her zaman güneş görür. Önü açık.

There is also a park on the side where the apartment is located. The apartment has a view of the park.

Dairenin olduğu tarafta da bir park var. Dairenin park manzarası var.

The kitchen cabinets and the cabinets in the hallways are newly made. The apartment also has 2 balconies.

Mutfak dolapları ve koridorlardaki dolaplar yeni yapıldı. Dairenin 2 tane balkonu da var.

The floors in this apartment are covered with laminate parquet. The kitchen and bathroom floors are covered with first-class ceramic tiles.

Bu dairede yerler lamine parke döşeli. Mutfak ve banyo zeminleri ise birinci sınıf seramik kaplı.

If you'd like to see the apartment, we can call the owner, and you can see it within half an hour.

Daireyi görmek isterseniz ev sahibini ararız ve yarım saat içinde görebilirsiniz.

Sure, how much is the rent for this apartment?

Peki, bu dairenin kirası ne kadar ?

This is our cheapest apartment, and the monthly rent is 6500 TL.

Elimizdeki en ucuz daire bu, dairenin aylık kirası 6500 TL.

The owner is asking for a deposit of 2 rent amounts. Of course, there is also a real estate agent fee, which is equivalent to one rent amount.

Ev sahibi 2 kira bedeli depozito istiyor. Tabii bir kira bedeli de emlakçı ücreti oluyor.

EK Kelimeler

- Apartman
- parke
- seramik
- Müstakil ev
- Dubleks daire
- daire
- Mutfak
- zemin
- kaçıncı katta

- Apartment
- Parquet
- Ceramic
- Detached house
- Duplex apartment
- Flat
- Kitchen
- floor
- Which floor

Simply scan the barcode and listen to all the Turkish phrases available in this book. This feature ensures you can easily master the correct pronunciation of Turkish phrases.

<u>Write your note here :</u>

Write your note here :

Write your note here :

Write your note here :

Dear Reader,

I hope you've enjoyed reading "Let's Speak Turkish Everywhere" and that it has been a valuable resource in your journey to mastering Turkish idioms. Your feedback means the world to me and can help other readers discover the book's benefits.

If you have a moment, I would greatly appreciate it if you could take some time to leave an honest review on Amazon. Your review can provide valuable insights for fellow language enthusiasts and travelers, and it can also help the book reach a wider audience.

To leave a review, simply visit the book's Amazon page and click on the "Write a Customer Review" button. Your thoughts and comments will not only help improve the book but also support my continued efforts to create useful resources for language learners like yourself.

Thank you for your support, and I look forward to hearing your thoughts. Happy reading!

Warm regards,

Walaa Kattar

Printed in Great Britain
by Amazon